PROPAGANDE
Socialiste-Anarchiste-Révolutionnaire

Nécessité et Bases

D'UNE

ENTENTE

PAR

S. MERLINO.

BRUXELLES
IMPRIMERIE ALEX. LONGFILS, RUE VÉSALE, 14

AVANT-PROPOS

La brochure que nous présentons au public est la première d'une série dans laquelle seront développés les points essentiels du programme socialiste-anarchiste-révolutionnaire.

Nous croyons devoir sortir des formules vagues et générales dont on s'est souvent contenté, et au lieu de nier les difficultés qui se présentent réellement à la transformation radicale de la société, les affronter et les résoudre, en vue non pas d'un avenir lointain, mais des conditions réelles dans lesquelles va avoir lieu la prochaine Révolution.

En approfondissant ainsi les principes anarchistes et en discutant les questions d'organisation et de tactique, nous viserons surtout la nécessité de mettre un terme à l'isolement auquel les anarchistes se sont condamnés en certains pays, à leur éloignement de la masse du peuple et à l'incroyable contraste d'idées, de sentiments et de conduite qui règne parmi eux.

Voilà le but que nous poursuivrons dans nos

publications, qui paraîtront dans différents idiomes adaptés aux conditions spéciales des pays auxquels elles s'adressent.

Nous prions ceux qui approuvent notre propagande de vouloir nous aider de leurs conseils et de leurs travaux.

Ceux qui auront des critiques et des observations à nous faire peuvent être assurés que nous les utiliserons pour la recherche de la vérité.

LE GROUPE ÉDITEUR.

Mai, 1892.

N.-B. — *Adresser les communications aux éditeurs, chez E. MALATESTA, 112, High street-Islington N., London.*

LE parti anarchiste — le mot ne doit choquer personne: il signifie seulement ici l'ensemble de ceux qui professent les principes anarchistes et travaillent à leur réalisation — a passé par des phases diverses et a pris des aspects différents dans les divers pays. À l'heure actuelle, comme tout le monde sait, il est presque entièrement communiste en France et en Italie, en partie communiste et en partie collectiviste en Espagne, tandis qu'en Amérique et en Angleterre il y a, à côté des communistes-anarchistes, des mutuellistes et même des individualistes qui pourtant ne comptent pas dans le parti, car ils sont essentiellement anti-socialistes et défenseurs acharnés de la propriété individuelle. — Plus graves encore que ces différences théoriques sont les divergences pratiques qui existent entre anarchistes et socialistes (communistes et collectivistes), les uns étant partisans, les autres adversaires de l'organisation; les uns travaillant pour la Révolution immédiate, les autres confiant dans l'évolution pacifique ou attendant la Révolution d'une prétendue fatalité historique; les uns poussant à l'action collective et acceptant l'action individuelle seulement quand elle sert à préparer et provoquer l'insurrection des masses, les autres se bornant à préconiser l'action individuelle; les uns croyant que la Révolution doit être, de la part des initiateurs, une œuvre de dévouement et de sacrifice, les autres visant surtout à l'amélioration de leur sort personnel.

Or, tant qu'il s'agissait de combattre les partis bourgeois ou pseudo-socialistes, de frayer de nouvelles voies et de faire entrevoir d'autres solutions de la question sociale que celles données par les autoritaires, ces divergences ne nuisaient pas, au contraire; elles servaient à éduquer les esprits à l'indépendance et à montrer tous les côtés du problème. Aujourd'hui notre tâche est autre : la Révolution approche, les partis socialistes autoritaires se sont donnés définitivement à l'Etat, et nous sommes appelés à agir ou à nous éclipser. Il n'y a pas moyen de nous esquiver en une telle situation. Choisissons : ou devenir, nous les anarchistes, l'âme de la Révolution, ou nous résigner à voir le mouvement escamoté par une nouvelle nuée de politiciens.

Le moment actuel est particulièrement grave et décisif. Si nous jetons un coup d'œil sur la situation politique et économique des différents pays, nous ne voyons partout que grèves, émeutes, répressions, banqueroute prochaine. Les expédients inventés pour tromper et paralyser les masses ouvrières sont épuisés.

A force de promettre toujours et de ne tenir jamais leurs promesses, les chefs de gouvernement et les chefs de parti ont perdu toute confiance chez les travailleurs.

Au sein de tous les partis social-démocrates s'est formé un courant d'opposition qui vient vers nous. Si nous savons profiter de ce courant, entrer en contact avec les masses et nous joindre à elles définitivement, nous serons à même, dans un bref délai, de livrer à la bourgeoisie une bataille décisive. Mais il faut nous entendre pour cela, car la tâche est grande, difficile, et demande une grande concorde et un effort extraordinaire.

Parlons franchement. L'anarchie n'a pas été toujours bien traitée par ses adeptes. Ainsi que le socialisme, rapetissé dernièrement aux proportions minimes d'une question d'heures de travail et de minimum de salaire, l'anarchie a été amoindrie, défigurée et rendue méconnaissable.

Une partie d'entre nous s'est mise à dogmatiser sur l'avenir, tranchant les difficultés avec des formules, tandis que d'autres se sont appliqués à voiler le but à atteindre, sous prétexte de ne pas vouloir préjuger l'avenir. — Il y en a qui ont écarté tout principe d'organisation — c'est-à-dire l'âme même, l'essence de l'anarchie, qui veut dire *société organisée sans autorité*. — Et s'étant ainsi réduits à l'action individuelle, ils ont élevé au rang de hauts exploits anarchistes des faits qui ont été commis toujours par réaction aux injustices sociales, mais qui, n'attaquant pas les causes des mêmes injustices, sont incapables de les détruire. L'attaque à la propriété du voisin, par exemple, ne constitue pas une attaque à l'institution de la propriété; de même que la lutte contre des personnes jouissant d'une certaine popularité n'est pas une lutte contre le principe d'autorité. L'action individuelle, bonne comme propagande lorsqu'elle éveille les sympa-thies des masses, est au contraire fort nuisible lorsqu'elle heurte leurs sentiments et lorsqu'elle leur apparaît inspirée par l'intérêt individuel.

Au surplus, elle ne peut pas se généraliser. Certainement, s'il pouvait se faire que tout le monde se refusât à payer son terme et les impôts, à faire son service militaire, à obéir aux injonc-tions de l'autorité, la conséquence nécessaire serait la Révolution. Mais cela n'est guère pos-sible : il n'y a que quelques individus qui peuvent agir ainsi, grâce à la situation exceptionnelle dans laquelle ils se trouvent et à certaines qualités personnelles; et encore ceux-là ne se révolteront-ils pas tous les jours, ni dans tous les actes de leur vie. Quant à la masse, elle ne con-çoit que la révolte collective, et, dans ce cas, ce n'est pas contre le paiement d'un impôt ou du loyer qu'elle s'insurgera, mais pour son émanci-pation complète.

Ajoutons qu'il y a des faits — tels que le vol — qui, lorsqu'ils ne sont pas justifiés par une grande nécessité, loin d'être approuvés et imités par les masses, isolent, au contraire, ceux qui les font, les entourant de méfiances et de haines. En effet, là où cette espèce d'*action individuelle* a prévalu, les anarchistes se sont trouvés séparés des masses, incapables de tenter le moindre mouve-ment, et leurs rangs ont été envahis par des gens qui auraient mieux été à leur place parmi les bourgeois et les exploiteurs de l'ouvrier.

Le but *immédiat* des partisans de l'action individuelle comme but à elle-même, est l'amélioration du sort de l'individu. Le but *immédiat* des socialistes étatistes ce sont les réformes législatives. Notre but *immédiat* à nous c'est la Révolution sociale. Naturellement, ceux qui visent à l'amélioration de leur position personnelle, prétendent que lorsque chacun aura obtenu des avantages sur son bourgeois d'en face, la question se trouvera résolue pour tout le monde, de même que les socialistes d'Etat prétendent que, de loi en loi, de réforme en réforme, on débarquera dans le plus parfait des mondes possibles. Mais nous savons que les réformes promises ne seront pas réalisées, ou que, même réalisées, elles n'amélioreront le sort que d'une catégorie d'ouvriers aux dépens des autres. Et nous savons également que tout ce qu'un individu gagne dans la société actuelle, d'autres le perdent ; et que si on arrivait *individuellement* à dépouiller tous les bourgeois, on ne ferait que les remplacer. Nous ne voyons donc qu'une issue, la Révolution ; nous nous séparons nettement aussi bien des réformistes que des dits partisans de l'action individuelle, car nous croyons qu'il faut subordonner tout autre intérêt à la Révolution, lutter contre tout ce qui la retarde et contre tout ce qui pourrait nous réconcilier avec l'ordre de choses actuel. A la vérité, nous sommes séparés depuis longtemps des réformistes ; quant aux partisans de cette espèce d'action individuelle de laquelle nous avons parlé, le moment est venu de rompre complètement avec eux. Rien ne nous lie. Il est évident que, puisqu'ils n'admettent ni organisation ni action collective, nous n'avons rien à faire ensemble. D'un autre côté, le genre de propagande qu'ils poursuivent est plutôt fait pour nous aliéner les sympathies des masses que pour les gagner. Le peuple, dans son bon sens, ne comprend pas qu'on puisse aboutir au socialisme en passant par le *bourgeoisisme* de l'appropriation individuelle.

Si sur le terrain pratique nous sentons le besoin de nous séparer nettement de ceux qui, tout en s'appelant anarchistes et révolutionnaires comme nous, prêchent ou pratiquent l'isolement et le *chacun pour soi*, il est à peine nécessaire de dire que nous sommes, en théorie et en pratique, aux antipodes des anarchistes individualistes. Nous — communistes et collectivistes — nous sommes avant tout socialistes, c'est-à-dire que nous voulons détruire la cause de toutes les iniquités, de toutes les exploitations, de toutes les misères et de tous les crimes — la propriété individuelle.

Les anarchistes individualistes, au contraire, veulent la maintenir en la regardant comme partie intégrante de la liberté humaine. Etrange liberté que celle qui consiste d'un côté dans l'esclavage, de l'autre dans la domination et dans l'exploitation ! Il est vrai que les anarchistes individualistes prétendent qu'en ôtant tout lien à la liberté individuelle, en détruisant l'engin d'oppression qui est l'Etat, il en résulterait naturellement un régime sinon d'égalité, du moins de justice. Mais justement, tant que durera la propriété individuelle, ou qu'elle pourra se repro-

duire, il y aura toujours quelque chose de l'Etat.
Les possédants s'arrangeront toujours de façon à
tenir soumis les travailleurs; la police publique
supprimée, ils constitueront une police privée
(comme celle de Pinkerton aux Etats-Unis) ; et le
gouvernement sera toujours eux. Ce n'est qu'en
supprimant en même temps propriété et gouvernement qu'on les fera disparaître réellement. Tout
reste de propriété amène nécessairement un reste
de gouvernement, et réciproquement le moindre
vestige de gouvernement donnera lieu à des
exploitations, à des usurpations, partant à la
reconstitution de la propriété individuelle.

On a prétendu que la Révolution, de même que
la foudre et le vent, est un fait de la nature, et que
l'homme ne saurait la hâter d'un seul instant.
C'est une des nombreuses subtilités philosophi-
ques que des savants bourgeois nous ont in-
culquées. Auteur ou instrument, l'homme est
toujours l'agent, l'acteur principal des transforma-
tions sociales. L'histoire est faite par des hommes;
plus ils sont conscients de leur but et plus les
hommes conscients sont nombreux, plus sûre et
rapide est la marche du progrès. L'individu ne
peut pas beaucoup, mais les masses peuvent tout.
Lors même que nous ne serions que des instruments aveugles de la fatalité historique, eh ! bien
ce serait la fatalité historique qui nous pousserait
à agir, à nous unir, à nous dévouer. Qu'on accepte
l'explication qu'on veut, qu'on se rallie au système
philosophique qu'on veut, mais qu'on s'unisse et
qu'on se dévoue. De même, d'aucuns mettent leur

cerveau à la torture pour savoir si l'homme se dévoue pour son intérêt ou son plaisir, ou s'il se dévoue contre son intérêt et malgré son déplaisir. C'est encore une question byzantine, une discussion de l'origine relative de l'œuf et de la poule. Il faudrait commencer par savoir ce qu'on entend par plaisir. L'individu qui pour sauver la vie d'un autre sacrifie la sienne ne se fait pas de bien et il n'est pas vrai que l'homme qui donne sa vie pour une idée soit insensible à la douleur de mourir et à celle de voir souffrir les êtres qui lui sont attachés. Ces généreux agissent, tout en sachant de se faire du mal à eux-mêmes, parce qu'ils se sentent liés par des liens invisibles, mais très réels, à leurs semblables, et suivent l'impulsion du sentiment de sociabilité qui s'est greffé dans leur nature. Mais, quoi qu'il en soit de ces disputes scientifiques, le fait reste qu'il y a des hommes qui sacrifient leur plaisir individuel au bien-être social : et il y en a qui, au contraire, sacrifient les autres à eux-mêmes. Les premiers méritent d'être encouragés, les autres doivent être flétris. Les premiers nous inspirent sympathie, amitié, reconnaissance ; les autres dégoût.

Trop de philosophie individualiste nous amènerait à embrasser le bourgeois — notre ennemi. En outre, à force de philosopher sur l'égoïsme, on devient égoïste. Or, sans hommes qui se dévouent on ne fait pas de révolution — on ne fait pas même une grève. Pourquoi l'ouvrier sans travail se refuserait-il à remplacer le gréviste? Serait-ce dans l'intérêt de son avenir? Mais il lutte pour l'existence du moment, et, s'il suc-

combe, il n'y a plus d'avenir pour lui. Egalement
on aura beau dire et prouver aux milliers de
victimes de l'exploitation capitaliste qu'ils doivent
se révolter, que leur intérêt est plutôt d'aller en
prison, voire même de se faire tuer, que de se
laisser tous les jours voler, torturer, fouler aux
pieds... Il y en aura beaucoup qui trouveront
qu'il est préférable de souffrir l'esclavage et la
misère que d'aller en prison... La théorie de l'intérêt personnel est fausse et éminemment anti-
révolutionnaire. Elle ne convient qu'à la bourgeoisie dont elle rend à merveille les sentiments;
mais elle fait un tort immense aux ouvriers
dont la force et l'espoir consistent dans le sacrifice
mutuel.

Il est temps d'expliquer ce que nous entendons
par Révolution.

Les socialistes étatistes, lorsque par moments
ils se disent révolutionnaires (le plus souvent, ils
s'en défendent), entendent par Révolution une
émeute qui les porterait au pouvoir. Le peuple se
battrait; puis il élirait ou laisserait se constituer
un comité ou conseil, grand ou petit, central ou
local; et il chargerait ce comité ou conseil d'accomplir la Révolution, c'est-à-dire de mettre en commun la propriété, d'organiser la production, etc.,
quitte à le renverser et à le remplacer par un autre
s'il n'exécutait pas fidèlement le mandat reçu.

Nous, anarchistes, nous croyons que le conseil
ou comité n'en ferait rien d'abord, mais songerait
plutôt à se faire un parti et à se pourvoir d'une
force militaire pour rester au pouvoir et se

moquer du peuple. Ensuite, s'il tâchait de faire quelque chose, il se constituerait, lui, comme représentant de l'Etat, grand propriétaire de toute la richesse sociale; il nommerait sans cesse des administrateurs et des directeurs, il fixerait des heures de travail obligatoire pour tous les ouvriers, lèverait des impôts sur la production, s'enrichirait et enrichirait ses dépendants et partisans et réduirait la masse dans un état d'esclavage pire que l'actuel. Et tout cela parce que le peuple, ayant initié la Révolution à ses risques et périls, aurait abdiqué, après la victoire, dans les mains de quelques individus, fussent-ils les meilleurs.

C'est parce que le peuple sent instinctivement le danger d'être déçu, qu'il hésite à engager la lutte et croit parfois être condamné à rester éternellement l'esclave et le jouet de quelques-uns. Il faut le rassurer; il faut lui dire de la façon la plus claire et la plus précise comment il peut éviter de devenir la proie d'une nouvelle classe dirigeante, surgissant du sein d'un parti quelconque, ouvrier, socialiste, voire même anarchiste.

Ici, nous approchons des questions de principe et de tactique les plus importantes. Il s'agit de savoir comment nous nous y prendrons le jour de la Révolution, quels seront nos amis, nos ennemis, en quoi nous aurons recours à la force et en quoi nous nous défendrons de l'employer. C'est un point qu'on n'a pas encore assez discuté, car on avait l'optimisme de croire que tout s'arrangerait pour le mieux dès qu'on serait en Révolution et que chacun agissant à sa façon, sans le moindre égard pour les autres, la société se trouverait pourtant un beau jour organisée sur la base de la plus parfaite justice, de la plus complète égalité. C'est une utopie — une dangereuse utopie. La société s'arrangera, mais il faut que les individus y mettent de la bonne volonté. Sans doute, il y aura de grandes vertus, mais aussi des obstacles imprévus. Il ne faut pas s'attendre à une transformation miraculeuse de la nature humaine : cette transformation s'effectuera par la suite, plus ou moins lentement, par l'effet des nouvelles conditions d'existence ; la supposer instantanée, contemporaine à la Révolution, c'est mettre l'effet avant la cause.

Un des plus graves dangers de la Révolution est constitué par la tendance acquise par les hommes à imposer leur volonté, leurs vues, de gré ou de force. La violence, mise d'abord au service d'un but louable, engendre chez les uns l'habitude de commander, chez les autres la disposition à obéir. Lorsque cela arrive, la Révolution est perdue. D'un autre côté, nous ne pourrons pas renoncer à employer la violence au début de la Révolution, car nous aurons à nous défendre et à garantir notre conquête non seulement contre les ennemis avoués, mais surtout contre les ennemis secrets, non seulement contre les restes de la bourgeoisie, mais aussi contre les nouveaux maîtres qui pourraient sortir de nos rangs ou des rangs des partis social-démocrates. Aussi il importe de bien nous orienter, de savoir précisément ceux que nous aurons à combattre et ceux que nous devrons respecter, — du moins en thèse générale. Des excès et des faiblesses sont inévitables ; mais si nous avons des principes pour guides, nous pourrons nous arrêter et nous corriger à temps, avant d'être à notre tour engloutis dans le gouffre où ont péri toutes les révolutions passées.

Etablissons bien le point de départ. Nous nous révoltons contre la société actuelle, non pas au nom d'un principe abstrait de justice (fort difficile à établir), mais pour l'amélioration effective du sort de l'humanité. Aussi nous avons une base fixe d'opération. Nous avons, d'un côté, la masse ouvrière plus ou moins misérable et esclave ; de l'autre côté, la minorité privilégiée. Celle-ci doit disparaître, non pas physiquement (il n'est ni possible ni désirable de tuer tous les bourgeois et tous ceux qui montreraient une disposition à les remplacer), mais socialement, ce qui veut dire que les hommes sortis des rangs doivent y rentrer, devenir travailleurs, membres de la société au même titre que tous les autres. Les ouvriers, de leur côté, doivent avancer, prendre possession des instruments de travail, des moyens de travailler et de vivre sans payer de tribut et sans servir à personne.

L'expropriation de la bourgeoisie ne peut se faire (nous l'avons déjà dit) que par la violence, par voies de fait.

Les ouvriers révoltés n ont à demander à personne la permission de s'emparer des usines, des ateliers, des magasins, des maisons et de s'y installer. Seulement, ce n'est là, à peine, qu'un

commencement de la prise de possession, un pré-
liminaire ; si chaque groupe d'ouvriers s'étant
emparé d'une partie du capital ou de la richesse,
voulait en demeurer maître absolu à l'exclusion
des autres, si un groupe voulait vivre de la
richesse accaparée et se refusait à travailler et à
s'entendre avec les autres pour l'organisation du
travail, on aurait, sous d'autres noms et au béné-
fice d'autres personnes, la continuation du régime
actuel. La prise de possession primitive ne peut
donc qu'être provisoire : la richesse ne sera mise
réellement en commun que quand tout le monde
se mettra à travailler, quand la production aura
été organisée dans l'intérêt commun.

Le principe fondamental de l'organisation de
la production est que chaque individu doit travailler, doit se rendre utile à ses semblables — à
moins qu'il ne soit malade ou incapable. Tant
qu'on adhérera à ce principe, il sera facile de
corriger les inégalités de prise de possession, de
situation, etc., car on n'aura aucun intérêt à possé-
der plus qu'il ne faudra pour travailler et on
rendra à la société, sous forme de produits, ce
qu'on lui aura pris comme instrument de production.

L'inégalité, l'injustice, la discorde, surgiraient
le jour où il y aurait des hommes qui voudraient
se soustraire au travail pour vivre aux dépens
des autres. Au début de la Révolution surtout, il
y en aura qui l'essayeront; et c'est contre eux
que se retourneront tous les hommes sincèrement
révolutionnaires.

Ce principe que tout homme doit se rendre

utile par le travail à la société n'a pas besoin d'être codifié : il doit entrer dans les mœurs, inspirer l'opinion publique, devenir pour ainsi dire une partie de la nature humaine. Ce sera la pierre sur laquelle sera édifiée la nouvelle société. Un arrangement quelconque fondé sur ce principe ne produira pas d'injustices graves et durables, tandis que la violation de ce principe ramènerait infailliblement et en peu de temps l'humanité au régime actuel.

Ce principe, une fois reconnu, les ouvriers auront à organiser le travail et à régler leurs rapports réciproques. Ici la force ne peut rien, l'entente est nécessaire. Elle se fera par des *pactes libres* et toujours modifiables contractés au sein de toute association, et par des pactes que les associations contracteront entr'elles.

Les pactes d'association peuvent différer beaucoup les uns des autres. Dans une association les ouvriers s'engageront réciproquement à un nombre d'heures de travail, dans une autre à accomplir dans un temps déterminé une telle besogne. Les ouvriers d'une association préféreront mettre en commun les produits de leur travail ; d'autres de prendre chacun une partie proportionnée à leur travail. On ne pourra pas imposer aux seconds le communisme, ni aux premiers le collectivisme, bien qu'en théorie l'un des systèmes puisse paraître préférable à l'autre. Puisque les communistes n'iront pas prendre la place des collectivistes au travail, il faudra bien laisser faire chacun à sa guise. S'il y avait en quelqu'endroit des gens qui voudraient essayer du mutuellisme proudhonien, il faudrait leur en laisser la liberté, bien que nous soyons convaincus que ce système est trop artificiel et trop ingénieux pour être praticable avec succès. Même si des paysans tenaient à se partager la terre et à la cultiver séparément, ce serait une folie que d'employer la force contre eux, car ce n'est pas par la force qu'on inculquera aux hommes la solidarité, qu'on fera naître cette amitié réciproque, ce sentiment d'être tous membres d'un même corps — la société —, sentiment qui fera paraître à l'homme fort une chose naturelle que de travailler plus que le faible, de même qu'à l'homme qui a moins de besoins il semblera naturel de voir son voisin consommer plus que lui.

Le camp socialiste est divisé aujourd'hui en deux grandes sections : d'un côté ceux qui, suivant l'économie politique, cherchent à trouver la juste mesure de tout travail, à payer, récompenser tout effort de l'individu, afin de maintenir dans la société une justice formelle, froide et plus apparente que réelle ; de l'autre côté, ceux qui pensent que de tels calculs rendraient impossible toute société, que les hommes, travaillant ensemble, sont contents quand ils ont assez pour satisfaire leurs besoins et que loin d'être toujours à cheval sur leur droit ils trouvent plaisir à s'entr'aider.

Si cela est vrai, le pur et rigoureux collectivisme n'est pas possible, car il manque la mesure du travail individuel et de l'utilité relative de chaque chose. Le communisme rigoureux et absolu n'est pas applicable immédiatement, car il manque aussi la mesure des besoins et des forces individuelles; et, d'ailleurs, il n'y aurait, en communisme anarchiste, aucune autorité chargée de répartir le travail, selon les forces et les produits et les jouissances selon les besoins. Il faudrait donc, pour que les choses marchent bien, ou plutôt pour qu'elles marchent tout à fait, que volontairement chaque individu travaille autant qu'il peut et consomme dans une juste mesure, en tenant compte des besoins de ses semblables; ce qui arrivera sans doute par la suite, mais non pas au début de la Révolution.

On nous objectera peut-être qu'on produira beaucoup plus que le nécessaire et que le travail dont chaque individu sera redevable à la société sera si minime que personne ne se refusera à l'accomplir. On est allé, en vérité, jusqu'à prétendre que *déjà*, aujourd'hui, on produit assez pour pouvoir satisfaire tous les besoins de tous les hommes, pour pouvoir nourrir tous les affamés, habiller tous les déguenillés et, enfin, donner le bien-être aux millions d'hommes qui agonisent dans la misère. Cette thèse nous paraît être bien éloignée du vrai. Il peut y avoir des accumulations de produits sur quelques places, dans quelques magasins des encombrements momentanés; mais qu'est-ce que cela en comparaison du dénuement absolu qui règne dans des quartiers entiers, dans les campagnes, sur une immense étendue de territoire?

Si aujourd'hui il y a abondance, c'est dans la production des objets de luxe, et non pas dans celle des objets que consomme l'ouvrier ; car le propriétaire et le capitaliste ne permettent à la terre et aux industries que de produire tout juste ce qu'il faut pour nourrir les ouvriers, qui, eux, leur produisent les objets destinés à satisfaire leurs besoins ou leurs caprices. Lorsque cette limite est atteinte, le propriétaire laisse la terre en friche, le capitaliste ferme l'usine et l'ouvrier crève la faim. Cela se comprend, cela est même *nécessaire*, sous le régime actuel, car il est indispensable que le patron puisse compter sur la faim de l'ouvrier pour lui imposer ses conditions, que e marchand puisse compter sur le besoin qu'ils ont de ses services pour leur imposer les siennes, que le grand capitaliste, le commerçant en gros et le banquier puissent en agir de même envers leurs clients...

Le résultat est qu'il y a réellement sur tous les marchés à peine assez pour vivre quelques jours et que la moindre circonstance imprévue peut réduire un pays à la famine.

Il ne faut donc pas compter sur l'abondance des provisions existantes, il ne faut pas croire que nous n'aurons qu'à envahir les magasins et à en consommer gaîment le contenu pendant des semaines ou des mois. La Révolution éclatée, notre premier souci doit être la production : avant même de se battre, il faut exister.

Certainement, on possède, même aujourd'hui, *les moyens de produire assez pour satisfaire tous les besoins raisonnables*, c'est-à-dire pour donner à tous un bien-être supérieur même à celui de la moyenne de la classe capitaliste actuelle.

Mais tout *ce bien-être il faudra le créer* par le travail, par la transformation de l'industrie, voire même de la technique individuelle, par l'instruction, etc. En outre (excepté peut-être pour quelques produits), il n'y aura jamais abondance absolue, surplus de production, car il serait absurde que l'homme travaillât pour produire ce dont il n'a pas besoin; il consacrerait plutôt son travail à de nouvelles productions pour la satisfaction de besoins nouveaux. Les besoins sont infinis, augmentent toujours et le travail, au lieu de diminuer et descendre à zéro, comme d'aucuns le pensent, augmentera probablement aussi, tout en devenant agréable, varié et libre.

Il n'y aura plus, comme aujourd'hui, d'hommes condamnés à de longues journées de travail, à des fatigues abrutissantes et homicides, et des oisifs, des individus qui se creusent le cerveau à chercher le moyen de « tuer le temps », de s'amuser. L'homme passera d'un travail à un autre, du travail manuel à l'étude et aux récréations artistiques; mais en travaillant, en étudiant, en cultivant les beaux-arts, etc., il aura toujours le but de se rendre utile à ses camarades.

Nous devons donc renoncer à l'illusion de croire que l'homme, à l'avenir, ne travaillera plus que quelques heures ou quelques minutes et passerait le reste de son temps dans le *farniente*, s'ennuyant à en mourir.

Le travail est la vie et aussi le lien qui unit les hommes dans la société. Il faut qu'il y ait *de la solidarité dans le travail* pour que la société marche bien.

Or, la solidarité ne peut être décrétée par une loi, et bien qu'elle puisse être imposée par l'opinion publique, il faut cependant que l'opinion publique soit à l'unisson du sentiment individuel. Le communisme ne pourra donc être établi que là ou les hommes ne seront pas enclins à abuser de la solidarité.

D'ailleurs, la solidarité sera limitée, aux débuts, à un certain nombre d'associations ou de localités, elle ne s'étendra probablement pas d'un pays à l'autre, ne sera pas universelle. Entre les régions, il y aura, au commencement, de simples rapports de réciprocité, d'aide occasionnelle, etc. L'évolution sociale suivra celle du sentiment individuel.

En concrétant nos idées, nous pouvons établir *la prise de possession* comme le fait révolutionnaire par excellence ; *les libres pactes* contractés par les travailleurs associés comme la base de la future organisation du travail ; *la fédération des associations* plus ou moins étendue comme couronnement de l'édifice. Le communisme, le collectivisme et d'autres systèmes encore seront essayés, peut-être mêlés ensemble, et pendant qu'on les expérimentera, les hommes s'accoutumeront peu à peu à vivre ensemble, à travailler les uns pour les autres et à jouir du bonheur qu'ils feront autour d'eux. La nécessité des choses, le besoin d'aide réciproque, le développement du machinisme, l'accroissement de la production et surtout l'éducation des hommes à la solidarité, amèneront l'humanité au communisme qu'on s'accorde généralement à regarder comme le terme final, visible de la Révolution, parce qu'il est la plus haute expression de la solidarité humaine.

Du reste, il ne faut pas perdre de vue l'étendue et la variété du mouvement. Il y aura non seulement à travailler, mais aussi à combattre; non seulement à produire ce qu'on consomme aujourd'hui, mais cent fois plus; non seulement à établir des ententes locales, mais aussi des ententes régionales et internationales. Qu'on songe à la situation des grandes villes dont l'approvisionnement dépend d'innombrables arrangements avec les localités environnantes en même temps que celles-ci dépendent des villes. Qu'on songe à la distribution actuelle des industries, à l'organisation des échanges, aux grandes artères de communication, etc. Sans doute, il faudra changer tout cela ; mais on ne le pourra pas du jour au lendemain. Il y aura des essais, des corrections, des conflits même, avant que l'entente s'établisse. Rien que pour déterminer ce qu'il faudra produire, quels besoins méritent la préférence, et quelles limitations chaque individu doit imposer à ses désirs, il faudra un certain temps. On ne tombera pas d'emblée sur un système parfait. Aucune inspiration céleste, mais l'expérience et l'entente diront à l'individu et aux associations le travail dont la société aura besoin à un moment donné.

Ce n'est pas en ignorant la difficulté que nous exercerons une influence utile sur les événements; il nous faut regarder en face le problème, les difficultés, confiants dans l'immensité des énergies humaines et des moyens dont nous pouvons disposer.

La Révolution que nous concevons ne peut être faite que par le peuple et pour le peuple, sans faux mandataires. Nous n'avons pas confiance dans des lois; la Révolution doit être *une chose faite*, non pas une chose écrite sur le papier. Nous croyons que l'organisation nouvelle de la société doit être faite de bas en haut, c'est-à-dire en commençant par la prise de possession et l'entente locale devenant de plus en plus générale, et non pas de haut en bas par des décrets d'une autorité centrale servie d'une armée de fonctionnaires.

Ainsi entendue, la Révolution, évidemment, ne peut être l'œuvre d'un parti ou d'une coalition de partis, elle demande le concours de toute la masse ouvrière. Sans masse ouvrière on fait des coups d'Etat, non pas une révolution. Tout parti ou toute coterie d'individus qui — sous l'une ou l'autre dénomination, voire même sans titre officiel, sans s'appeler ou Comité de Salut public ou Conseil général, mais par le simple fait, et peut-être en faisant de la terreur — prendrait la direction du mouvement et la haute main sur les masses, tuerait la Révolution et préparerait nécessairement sa propre domination.

Pour parer à ce danger, il n'y a qu'un moyen : que les masses s'organisent promptement et que les différents groupements se mettent de suite à la besogne.

Le salut de la Révolution est dans l'organisation immédiate et en partie préventive de la masse ouvrière.

L'organisation ouvrière actuelle est mauvaise, autoritaire : elle a des buts trop bornés ; souvent elle est le jouet de politiciens ; elle est cependant le germe d'où sortira l'organisation sociale future. Il importe donc de ne pas l'abandonner à elle-même, il faut travailler pour elle et avec elle.

Nous, anarchistes, nous pouvons contribuer de trois manières à l'orientation révolutionnaire de l'organisation ouvrière. D'abord nous avons à rappeler les sociétés à une vie réelle et active : là où toute l'activité est concentrée aux mains de quelques meneurs et où les associés sont seulement appelés à payer leurs cotisations et à obéir aux ordres, nous devons montrer les inconvénients de l'autorité, la facilité d'être trahis ou abandonnés par les chefs, les rivalités, les discordes et les intrigues qui surgissent dans l'association.

Les ouvriers n'ont pas besoin de chefs : ils peuvent bien charger quelqu'un d'entre eux de quelque besogne particulière, mais à condition de ne pas s'en désintéresser, de ne pas se laisser empiéter par leurs mandataires. Leur société doit-être leur maison ; ils doivent s'y réunir comme en famille, y consacrer leurs heures de loisir, y traiter tous leurs intérêts. C'est une nouvelle phase, dans laquelle doivent entrer les sociétés ouvrières pour se préparer à accomplir la grande transformation de la société.

En second lieu, il faut travailler à étendre la visée des ouvriers et de leurs associations. Chaque catégorie ou classe, au lieu de songer à son propre intérêt, doit fraterniser, pratiquer la solidarité sur une vaste échelle, même avec les ouvriers non organisés, les ouvriers sans travail et les prolétaires sans métier. Il est de l'intérêt des ouvriers mieux traités de prendre dans leurs mains la cause des ouvriers moins favorisés et des sans-travail; aider ceux-là à améliorer leur situation, c'est le moyen le plus sûr, voire l'unique moyen d'améliorer leur propre sort d'une façon durable. De son côté, l'ouvrier sans travail ne doit pas entraver les revendications des ouvriers en meilleure situation. En faisant comprendre que l'intérêt de chaque catégorie d'ouvriers est de soutenir toute revendication de toutes les autres catégories, nous révèlerons à l'ouvrier sa force réelle, qui lui est encore inconnue. Il faut que la bourgeoisie sache qu'elle a contre elle, non pas des groupements détachés et divisés, mais tous les travailleurs, tous les prolétaires, et que toute grève est nécessairement le signal de la mobilisation générale de la classe ouvrière et peut devenir le commencement de la Révolution; il faut qu'elle sache que les ouvriers, au-dessus de tout intérêt particulier, mettent l'intérêt général, et que par dessus toutes les questions de salaires et de travail, ils visent à l'émancipation intégrale, à se passer de patrons et d'exploiteurs.

Enfin, nous avons à inculquer aux ouvriers la nécessité de s'instruire réciproquement, de se former des convictions profondes. La vraie entente est celle qui a pour base des aspirations communes et une communauté d'idées. C'est seulement par ce côté que les ouvriers solidarisent, même lorsqu'ils n'ont pas la même organisation. Les sacrifices et l'abnégation que demande la lutte contre les patrons, ne peuvent être faits réellement que par des hommes convaincus. L'homme convaincu ne trahira jamais les siens. Il y a donc dans la propagande des principes une source trop négligée de force réelle pour la classe ouvrière. Les associations existantes s'occupent trop d'intérêts, et peu ou point de principes. Et ce sont les principes qui assurent réellement le triomphe des intérêts conculqués. Il faut que dans toute association il y ait moyen d'agiter les grandes questions sociales, que toutes les idées soient admises à la discussion, que l'ouvrier se prépare intellectuellement et moralement à la tâche, qui lui incombe, de renouveler la société.

En même temps que nous relèverons ainsi le mouvement des ouvriers organisés, tout en le rendant de plus en plus révolutionnaire et anarchiste, nous aurons à nous occuper sérieusement de ceux qui n'ont pas de métier et à prendre une part de plus en plus active et énergique à leurs agitations. Car c'est de là que viendra l'assaut final de la société bourgeoise ; c'est de cette infime couche sociale que partira l'élan révolutionnaire. Toute autre catégorie d'ouvriers peut obtenir des concessions : le problème des sans-travail est insoluble et leur nombre augmente sans cesse. En outre, une agitation d'ouvriers sans travail est essentiellement plus révolutionnaire qu'une grève, elle n'a pas un but borné, elle suppose plus de misère, et tout acte révolutionnaire est possible et spécialement justifié en pareille occasion. Nous, anarchistes, devons mettre en rapport notre action révolutionnaire avec le sentiment des masses, naturellement plus excité pendant ces agitations qu'en temps ordinaire.

Enfin, nous devons être toujours avec les masses.

Quand les ouvriers réclament des améliorations, augmentations de salaire, diminution d'heures de travail, abolition de règlement de fabrique; quand ils se mettent en grève pour défendre leur dignité ou pour affirmer leur solidarité envers des compagnons chassés ou maltraités par les patrons, nous devons bien leur dire que tout cela ne résout pas la question ; nous devons profiter de l'occasion pour prêcher plus largement et plus efficacement la nécessité de la Révolution pour l'abolition de la propriété individuelle et du gouvernement; nous devons faire le possible pour élargir, généraliser le mouvement et lui donner un caractère révolutionnaire; mais nous devons surtout être avec les ouvriers, lutter avec eux, nous sacrifier pour eux s'il le faut. Nous désintéresser du mouvement serait paraître amis des bourgeois, rendre antipathique à la masse nos idées et nos personnes et, par conséquent, renoncer au moyen indispensable pour faire matériellement et moralment la Révolution : le concours des masses.

D'ailleurs, si les effets économiques des grèves sont partiels, transitoires et souvent nuls ou désastreux, cela n'empêche que toute grève soit un acte de dignité, un acte de révolte morale et serve à habituer l'ouvrier à considérer le patron comme ennemi et à lutter lui-même pour ce qu'il désire sans espérer la grâce d'en haut. Le gréviste ce n'est déjà plus l'esclave qui bénit son patron, c'est déjà un révolté; il est déjà engagé sur la voie du socialisme et de la Révolution. A nous de l'y faire avancer.

Voici donc, en peu de mots, notre programme : la Révolution sociale comme but immédiat; l'agitation dans la classe ouvrière comme principal moyen.

Maintenant, quelques mots sur nous-mêmes. Nous avons prouvé la nécessité de l'organisation dans la société future entre tous les hommes et pour tous les besoins, et la même nécessité dans la société actuelle entre les ouvriers pour la lutte contre leurs exploiteurs. Il serait absurde que, admettant ainsi l'organisation pour tout le monde, nous ne l'admettions et ne la pratiquions pas pour nous-mêmes.

L'organisation que nous entendons est naturellement libre et anarchique, c'est-à-dire sans chefs, ce qui ne veut pas dire que nous poussons l'iconoclastie, le mépris des formes, au point de nous refuser les moyens indispensables pour exister et poursuivre notre but. Nous n'aimons pas les abstractions et les mots ne nous épouvantent pas. Voulant la Révolution, la voulant intégralement, sérieusement, de tout notre être, nous choisissons les moyens qui nous semblent les plus aptes à nous rapprocher d'elle. S'il faut une entente entre nous (et il la faut), s'il faut prendre des engagements réciproques (et il le faut), s'il faut nous garantir des mouchards et des exploiteurs (et il le faut certainement), nous n'hésitons pas à agir en conséquence. Que des gens qui s'imaginent avoir trouvé là pierre philosophale de l'anarchie et qui font celle-ci synonyme de désorganisation et d'action individuelle isolée nous excommunient, cela nous laisse parfaitement indifférents. Nous voulons nous consacrer à la cause de la Révolution sociale ; nos forces sont limitées, nous savons que nous pouvons les multiplier par l'entente, par la confiance mutuelle et par la solidarité, et nous nous engageons — ceux qui veulent — dans cette voie. Cela n'oblige personne, pas plus que cela n'empêche d'autres d'agir à leur guise.

Nous croyons le moment venu de rassembler nos forces, de donner à notre action une plus juste direction, de sortir du vague, du dilettantisme dans lequel un certain nombre d'entre nous s'est dernièrement égaré, et de livrer une grande bataille à la bourgeoisie. Le moment est venu de recueillir des mains des social-démocrates et des politiciens multicolores l'héritage du mouvement ouvrier que l'Internationale initia, auquel les anarchistes ont contribué souvent au prix de leur vie, mais qui a été accaparé dernièrement par les socialistes légalitaires sans qu'ils aient fait avancer d'un pas la situation. Nous sommes appelés à essayer à notre tour ; les masses ouvrières se retournent vers nous et cherchent anxieusement à savoir si nous sommes capables d'initier avec elles la Révolution. Nous ne pou-

vons pas battre en retraite. Echouer même,
laisser notre vie dans la mêlée, vaut mieux que
nous tenir à l'écart, philosophant à loisir sur la
fatalité historique et sur les torts des autres.
Assez nous avons critiqué : tout le monde sait à
présent que le parlementarisme, les réformes, les
améliorations partielles ne valent rien. Nous
n'ambitionnons ni le pouvoir officiel, ni le pouvoir non officiel, et c'est là notre titre à la sympathie des masses. Mais ce n'est pas assez. Il faut
agir. Il faut combattre dans les rangs du peuple.
Il faut montrer nos principes en action. Il faut
prouver au monde que l'anarchie n'est pas une
conception abstraite, un rêve scientifique ou une
vision lointaine, mais que c'est un principe vital
et vivant, destiné à renouveler le monde, en
l'asseyant sur les bases impérissables du bien-
être et de la fraternité humaine.

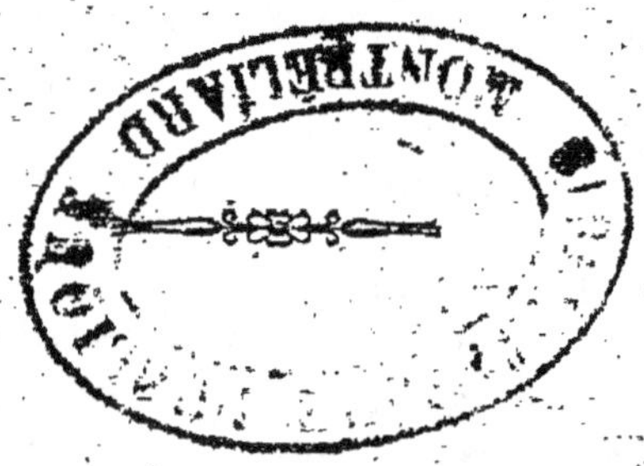

LONGFILS, IMPR.-ÉDIT., 14, R. VÉSALE, BRUXELLES